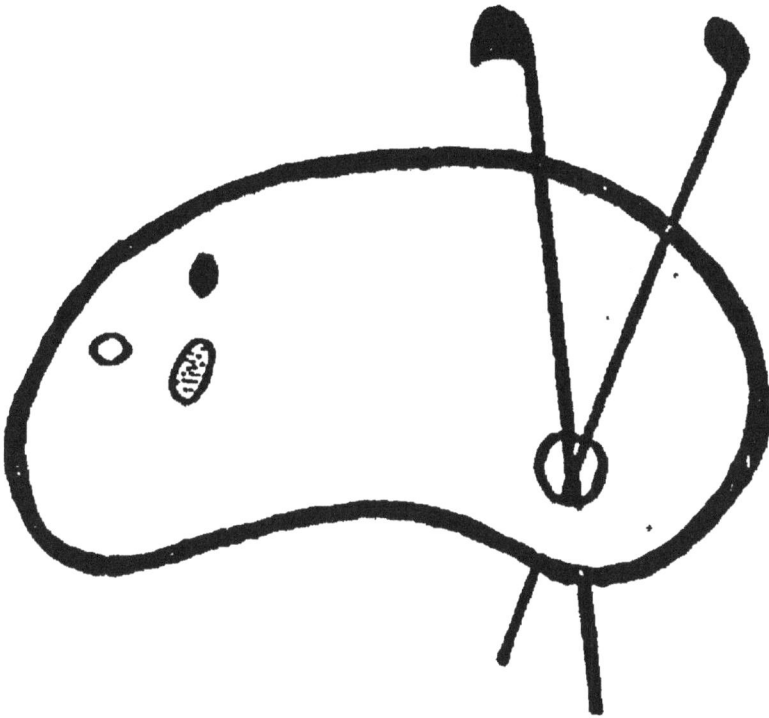

DEBUT D'UNE SERIE DE DOCUMENTS
EN COULEUR

COLLECTION ALSACIENNE

LE SURNOM

DE

MAISELOCKER

DONNÉ AUX STRASBOURGEOIS

PAR

CH. NERLINGER

Archiviste-Paléographe
Attaché à la Bibliothèque Nationale.

Avec un dessin de A. TOUCHEMOLIN.

STRASBOURG
F. STAAT, Libraire-Éditeur
27, rue des Serruriers
1898

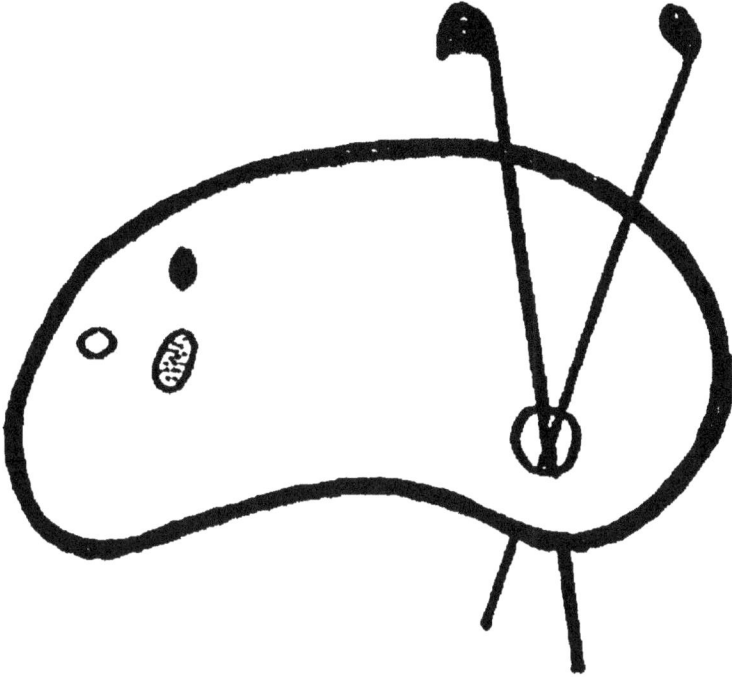

FIN D'UNE SERIE DE DOCUMENTS
EN COULEUR

LE SURNOM

DE

MAISELOCKER

DONNÉ AUX STRASBOURGEOIS

PAR

CH. NERLINGER

Archiviste-Paléographe
Attaché à la Bibliothèque Nationale.

Avec un dessin de A. TOUCHEMOLIN.

STRASBOURG

F. STAAT, Libraire-Éditeur

27, rue des Serruriers

1898

LE SURNOM

DE

MAISELOCKER

donné aux Strasbourgeois /

Dans notre riche et plantureux pays d'Alsace, où les malicieuses et rabelaisiennes traditions des Geiler de Kaisersberg, des Murner, des Fischart, et de tant d'autres sont loin de s'être perdues, il est peu de villes ou villages qui n'aient été dotés par leurs voisins, plus ou moins bienveillants, d'un surnom caractéristique, dont la plupart sont des jeux de mots sur le nom même de la localité et qu'il est impossible de rendre en français. Stœber en a recueilli quelques-uns des plus curieux (1).

Ainsi, lorsqu'à la brasserie l'un des fidèles désire lever la séance et s'adresse aux autres en disant: *Geh merr? — Leijt nit wit vu Kolmer* (Gémar non loin de Colmar) est la réponse qu'on lui fait invariablement. Quand on veut parler d'une personne peu disposée à la générosité et prompte au refus on dit couramment: *Er isch nit üs Gewiller* (Guebwiller) *oder Geberschwihr, awer üs Neewiller.* Les habitants de Wasselonne ont la réputation, parfaitement imméritée du reste, de trop baptiser leur vin, et, en présence d'une mauvaise piquette on dit couramment : *Er isch durich Wassle* (Wasselonne) *geloffe.* Quand on a affaire à une mauvaise langue on dit qu'il a aiguisé sa langue *uff d'r Schnershemer Schliffmüehl.* Les estomacs faibles sont envoyés à *Dauendorf* pour se guérir ; les grands bavards s'embrouil-

(1) Alsatia 1854, p. 186-194.

lant dans d'interminables récits, ou les paresseux tirant en
longueur le plus simple travail, sont traités de *Langenschlei-
ler* ; les lents et les paresseux viennent de *Drüdersche*
(Truchtersheim) ; les gens pieux sont de *Gottesheim* ; les
tristes de *Thræne* (Trœhnheim) ; les gais de Freudeneck ;
ceux qui ne doutent de rien et qui savent tout sont qualifiés
de diplômés des universités de Wängen ou de Westhalten
(où on élève beaucoup d'ânes), ou bien qu'ils ont étudié *Zu
Brubi* (Brubach) *in d'r Eselsmüehl.*

Mais parmi les sobriquets les plus connus figure celui de
MAISELOCKER *(pipeurs de mésanges)* que portent les Strasbourgeois (1). Il semble fort vieux, mais il n'est guère possible
de fixer l'époque à laquelle il a pris naissance. La plus
ancienne mention qui en ait été faite se trouve dans ce ravis-
sant recueil, si précieux pour l'étude des mœurs strasbourgeoises, écrit par Daniel Martin (2) dans la première moitié
du XVIIe siècle, dans lequel il raconte que lors d'un repas
d'étudiants un étranger s'adressant à un strasbourgeois
lui dit :

— Vous êtes un collationneur et un appell de mésanges !

— Pour le premier, ie l'advoue, et m'en trouve bien, et
ne voy point que la coustume de gouster vous déplaise, ni
aux autres estrangers, car vous la practiquez aussi volon-
tiers que moy : mais pour le second i'en voudrois bien
savoir la raison.

<hr>

(1) Les Strasbourgeois n'étaient pas les seuls à porter en
Alsace ce sobriquet. Dans toute la Haute-Alsace on désignait les
Ferretois de la même manière. (Th. Braun. Mes trois noblesses
fragment de chronique mulhousienne p. 274 note 2). Communiqué
par M. Rod. Reuss. — On donne souvent aussi aux Strasbourgeois
un autre surnom, celui de *Steckelburjer*, mais il s'applique bien
plutôt aux bourgeois de Strasbourg, d'âge mûr, portant invariablement une canne à la main. Dans le *Pfingstmontag* le mot est
employé dans ce sens, (page 153).

(2) Parlement nouveau, (édition de 1660, p. 797). Une nouvelle
édition de ce volume rarissime est en cours de publication dans la
Revue d'Alsace. La 1re édition est de 1637.

— Je vous la diray en l'oreille, pour éviter scandale, et le danger d'estre mis en quelque amende pécuniaire, que ie crains comme le feu, estans désargenté comme un vieux calice de village. Escoutez donc bien.

— I'ay fort bien entendu. S'il n'est vray, la bourde est belle, toutes ces fadaises viennent de la boutique de ces moqueurs, qui appellent les Viennois, porteurs de flasconnels : les Linciens, larrons de linceux : les Thuringiens, nez de hareng : les Pomeranois, mangeurs de plics : les Erfordiens, sacs à houblon : les Misniens, caphards : les Bohémiens, hérétiques : les Westphaliens, mangeurs de jambons : les voisins du Rhin, cousins. Et mesme s'attaquent aux artisans, appellans les pelletiers, chats : les orfèvres, pieds de lièvres : les tisserands, hérissons : les tailleurs, chevres : les barbiers, eschaudeurs de poux : les apothicaires, souffle en culs : les musniers, larrons de farine : les crocheteurs, harpeurs : les tireurs de charettes, chevaux à deux pieds : les cordonniers, nez de poix : les taverniers, brouillevins : les messagers, forge-mensonges : les sergeans, levriers du bourreau : les jardiniers, testes de choux, ou chenilles : les gens de plume, gratte-papiers : les receveurs, à peine iustes : les escoliers d'Allemagne, mangeurs d'orge : les pédagogues, affamez : les régens, follette-culs : les papetiers, chiffetiers : un serviteur de marchand ou mercier, courtaut de boutique : le page d'une dame ou damoiselle, porteesponge ; les barbiers, eschaude-poux ; les patrouillars, seigneurs du mont olivet (1) ».

(1) Voici, à titre de curiosité, le texte allemand de ces différents sobriquets :
Die Wienner flæscheltræger ; die Lintzer leylachendieb ; die Thüringer Hæringsnasen ; die Pommern Plateissenfresser ; die Erfforder Hopffsæck ; die Meissner Gleissner ; die Bœhmen Ketzer ; die Westphaler Schünckenfresser ; die Nachbarn dess Rheins Schnaacken pflegen zu schelten und lassen auch nicht die Handwercksleût unangetastet, sondern schelten die kirssner katzen ; die Goldschmid Hasenfüss ; die Leinenweber Igel ; die Schneider Geyssen ; die Apothecker Arssblaser ; die Müller Mældieb ; die Krœtzentræger Harpffenisten ; die Kæchelzieher zweyfussige Ross ; die Schuster Pechnasen ; die Weinschencken Weinverderber ; die Botten Lugenschmid ; die Stallknecht Henckerswindhund ; die Gærtner Krautkopff oder Raupen ; die Leut von der Feder Dintenfresser oder Blacktscheisser ; die Schaffner vix iustos, das

Si la réserve de Daniel Martin était prudente de son temps puisqu'il s'exposait à une amende, elle ne nous satisfait guère aujourd'hui et nous eussions désiré en savoir plus long, connaître le récit, chuchoté à l'oreille de son voisin. D'après une tradition qui nous a été communiquée par M. Alfred Tou-chemolin, le peintre strasbourgeois bien connu, auteur lui-même de travaux fort estimés sur *Strasbourg militaire* et le *Régiment d'Alsace* et qu'il tenait de son beau-père, F. Piton, le populaire auteur de *Strasbourg illustré*, l'origine du so-briquet serait toute autre, nous la donnons à titre de curio-sité.

» Du temps de Daniel Martin, l'ammeistre régnant, avait une fille, un peu sotte, et qui possédait une mésange à la-quelle elle tenait beaucoup. Un beau matin l'oiseau réussit à prendre la clef des champs. La pauvre enfant tout en lar-mes court à la *Pfaltz* où siégeait son père et s'écria en se précipitant dans la salle des séances : *Babbe, Babbe ! min Meis isch furtgflœuje ! Loss g'schwind alli Door zue mache dass sie nit zue d'r Stadt nüs kann !* » (Papa, papa, ma mésange s'est envolée ! Fais rapidement fermer toutes les portes pour quelle ne puisse sortir de la ville.) Il est possible que Daniel Martin fasse allusion à cette historiette ou à une autre de même genre que colportaient alors quelques mau-vaises langues.

Le surnom de *Maisenlocker* est sans doute antérieur au XVIIe siècle bien qu'aucun document ne permette de l'affir-mer avec précision. Il est certain cependant que du temps de Daniel Martin le sobriquet était parfaitement courant, comme le prouve un passage de la Chronique, disparue malheureu-sement, comme tant d'autres, dans le fatal incendie de la Bibliothèque, le 24 août 1870, et dûe au fameux collectionneur

---

ist kaum gerechten ; die Studenten Gersteufresser ; die Haussprœ-ceptores Hungerleider ; die lateinischen Lehrmeister Arssfeger, Arssbaucker Sterngucker ; die Papierer Lumpenleut : ein Gaden-diener Gadenhengst, einen Frawen oder Jungfrawen Edeljungen Schwammentrucker ; die Scheerer Leussbrüder ; die Schaarwœch-ter Oelberger.

L.-B. Kunast (1). Quelques passages de son travail qui conte-
nait une foule de renseignements très précieux, des anecdotes
et des légendes nous ont été conservés par L. Schnéegans
dans ses : *Strassburgische Geschichten, Sagen* (2) etc....
devenu fort rare aujourd'hui.

L'un de ces fragments concerne l'ancien arsenal de la
vieille République de Strasbourg. En énumérant les différents canons, parmi lesquels on trouve avec étonnement *ein
Orgelgeschoss mit 32 Rohren*, qui est certes la plus ancienne
mention connue d'une mitrailleuse, il cite un canon appelé
Meyssenlocker, long de dix-huit pieds, ressemblant à une
double couleuvrine, couverte d'écailles et à gueule étroite.
Selon lui un boulet lancé par ce canon du haut des remparts
aurait traversé la tente d'un roi de France, établi à Nieder-
hausbergen, et c'est à la suite de ce coup de canon qui dé-
barassa les Strasbourgeois d'un ennemi dangereux qu'ils
auraient été gratifiés du surnom de *Maisenlocker* (1).

(1) Balthazar-Louis Kunast, brodeur en soie et négociant, né à
Strasbourg en 1589, mort en 1667, parcourut divers pays où il
ramassa de nombreuses curiosités et en forma la célèbre collection dont le catalogue fut publié par son fils et qu'il vendit en
1646 pour en recommencer une autre. (H. Reuss. *De scriptoribus
rerum alsaticarum historicis, p. 173*). — F. Reiber L'histoire
naturelle des eaux strasbourgeoises de Léonard Baldner p. 126-7.
V. aussi le nº 7068 de la collection Reiber.— A. Benoît Collections
et collectionneurs alsaciens. *(Revue d'Alsace 1875*, p. 58-9. — A.
Seyboth, Strasbourg historique p. 541. — Outre sa chronique
Kûnast avait écrit un *Argentoratum sacro-profanum oder Be-
chreibung der Stadt Strassburg*, également anéanti. (Reuss l.
c. 173.)

(2) Strasbourg, Dannbach 1855.)

(3) In welchem noch verschiedene kleine gantz eysen geschmie-
dete und theils davon gegossene grosse Büchssen, so von denen
allerersten seiud als dass Geschütz auffkommen war (« wie dann
auch die Strassburger die ersten gewessen so Büchssen gebrauchet
haben »). Item, ein eyssern stück, so sich umwendet ; ein Orgelgeschoss mit sieben Schlachtschwertern ; ein anders mit 32 Rohren ; ein Scharff Metzer der Rohraff genannt, darauff ein Mænn-
lein zum Absehen stehet ; der also genannte, und von seinem
ersten Guss her, den Nahmen behaltende *Meyssenlocker*, so 18
Schuh lang, einer doppelten Feldschlang gleich, gantz schuppicht

L'évènement auquel Kunast fait allusion se rapporte à Henri II et aurait eu lieu en 1552. Le roi de France venait de s'emparer des Trois évêchés de Metz, Toul et Verdun et n'eût pas été fâché de s'approprier également la forte ville de Strasbourg afin de posséder un solide rempart dirigé contre le Saint-Empire. Son séjour en Alsace donna lieu à une légende qui n'a été dissipée que de nos jours par M. A. Hollænder. Sans nous arrêter longuement à son travail qui est loin d'être parfait nous nous contenterons d'adopter son récit qui est appuyé de preuves suffisamment sérieuses.

· La version la plus véridique de cet évènement se trouve dans les annales d'Aquitaine de Jean Bouchet. Nous le résumerons brièvement. Au moment où Henri II se trouvait à Saverne les ambassadeurs d'Angleterre et de Ferrare manifestèrent le désir de visiter Strasbourg. Il leur fut accordé par le magistrat, mais à condition de n'amener qu'une suite peu nombreuse. Un certain nombre de Français, poussés par la curiosité de visiter également la ville, se joignirent à eux, en livrée de domestiques, mais quand les Strasbourgeois virent s'approcher tant d'hommes ils crurent qu'on voulait s'emparer de leur ville par surprise, comme on l'avait fait à Metz, et tirèrent un coup de canon qui signifiait qu'on eût à se retirer. L'intendant de Lézigny sortit alors de la ville, puis revint informer le magistrat du désir des ambassadeurs. Ce dernier leur fit une bonne réception, mais n'autorisa que huit personnes à les accompagner, parmi lesquels les sires de

und eines engen Mundes ist von welchem gesagt werden will, als solte darauss einem mit einer grossen Macht sich dieser Landen und zugleich auch dieser Statt genæhertem Kœnig in Frankreich (in welchem *Seculo*, ist ohnbekandt), nach mancherley verübten Feindseligkeit durch sein bey Niederhaussbergen geschlagen gewesenes Zell, geschossen worden sein, ob nun wohl der Weg sehr weit, soll doch die Kugel nicht allein gereicht, sondern auch getroffen und die Strassburger dieser ihrer Meiss wegen, den Nahmen der MEYSSENLOCKER biss auff diese Stunde behalten haben (Schneegans Strasbg. Geschichten... p. 117).

Coutey et de Roustain, en habits de domestiques. Ils ne
purent toutefois circuler librement (1).

Le lendemain 7 mai se produisit un incident plus grave.
Maître Etienne Chalopin accompagné d'un valet se rendait à
Strasbourg auprès de l'intendant de Lézigny pour s'entendre
avec lui au sujet des approvisionnements à faire à l'armée
française quand ils furent tous deux assaillis entre la porte
de Pierres et le cimetière Ste Hélène par des soldats demeurés
inconnus qui tuèrent le valet et maltraitèrent fort Me Chalopin. Quand le magistrat eut connaissance de l'incident il
donna les ordres les plus sévères pour en éviter le renouvel-
lement mais Henri II se plaignit vivement et accusa des bourgeois d'être les auteurs de l'attentat. Le magistrat répondit
qu'il n'en était rien et rétablit les faits d'après l'enquête minu-
tieuse qu'il avait ordonnée. C'est cet incident considérable-
ment exagéré dans les mémoires de Vieilleville qui a servi de
point de départ à la légende qui a eu cours depuis (2).

(1) — «La ville de Strasbourg, autrement appellé Argentorat ou
Argentine, première des villes impérialles d'Allemagne, est mout
belle, forte et riche, qui esmeut les ambassadeurs d'Angleterre et
Ferrare d'y vouloir aller, et prièrent les Seigneurs de Strasbourg
d'y avoir seur accez, qui leur fut accordé, pourveu qu'ils vinssent
en petite compagnée. Plusieurs de France curieux de voir la ville
s'accoustrèrent comme serviteurs desdits Ambassadeurs, et se
mirent en la compagnée, s'acheminans vers Strasbourg, cuidèrent
estre cause de grand meurtre; car ceux de Strasbourg pensoient
que ce fust quelque surprise, et qu'on voulust faire insult sur la
ville, craignans i ceux mesme accessoire que ceux de Mets, si bien
qu'ils laschèrent le canon, signifiant qu'on eust à se retirer. Le
seigneur de Leizegni, qui avoit charge des viures, sortit hors la
ville, pour voir quelles gens s'estoient, qui raporta la vérité, que
c'estoient les Ambassadeurs, auxquels on fit bonne chère. Le seigneur de Leizegni y estoit entré luy nesiesme, au nombre desquels
estoient les seigneurs de Coutey, et de Rostain, en acoustrements
de valets, pour visiter la ville, car ce sont gens de grand esprit et
bonne conception; mais les Germains ne les permirent oncques
sortir de leur logis où l'on leur fit bon traitement, toutesfois ne
fut question de bouger de là, ne se pourmener dans la ville». (Jean
Bouchet. Les Annales d'Aquitaine Poictiers, Mounin, 1644, in fol.
pages 633-634).

(2)— Il faut se servir avec beaucoup de circonspection des mémoi-

Piton (1) le rapporte également mais donne la version de Kunast, inexacte comme on le voit puisque Henri II n'avait pas poussé jusqu'à Niderhausbergen. Ensuite il est peu pro-

res de Vieilleville. Il est du reste le seul à rapporter ainsi cet évènement. Rabutin, Tavannes, Brantôme, de Thou et surtout Sleidan et Schertlin, bien placés cependant pour être au courant n'en parlent pas. (Hollænder: Strassburg im franzœsischen Kriege 1552 p. 53 et Eine Strassburger Legende du même auteur (p. 4-6) qui rétablit les faits d'après les documents conservés aux archives municip. de Strasbourg.

Voici le récit de Vieilleville reproduit par M. Touchemolin : « De Saverne où il campait, il envoya son intendant général de Lézigny à Strasbourg, pour se procurer des vivres et obtenir pour le roi et les ambassadeurs du pape, de Venise, de Florence et de Ferrare l'autorisation de visiter la ville... Le Sénat consentit à recevoir les visiteurs annoncés, malgré la mauvaise impression qu'avait causée à Strasbourg la manière dont le roi de France s'était emparé de Metz, Toul et Verdun. Le lendemain les ambassadeurs se présentè- rent suivis d'un bon nombre de curieux et escortés par deux cents bons soldats, portant valises et malettes, comme valets de leur train. Quand du haut de leurs remparts les Strabourgeois virent s'avancer cette longue colonne d'hommes armés, les sentiments de méfiance reprirent le dessus et ce fut à coup de canons qu'il reçu- rent ces serviteurs. Douze de ceux-ci furent tués et les autres rebroussèrent chemin aussitôt ».

Lésigny vint demander des explications sur cette réception si peu conforme aux promesses faites. Pour toute réponse le sénat déclara que le roi n'entrerait à Strasbourg qu'à la condition de ne point amener avec lui plus de quarante gentilshommes... Henri II qui était resté à Saverne et qui tout d'abord parlait de mettre le siège devant la ville, finit pourtant par accepter les conditions proposées se réservant de faire suivre chacun de ces quarante seigneurs d'un page pour « faire entrer beaucoup de monde à la file », car nous dit Tavannes « le roi marchait à Strasbourg pour y faire de même qu'à Metz ». Mais bientôt revenant à d'autres sentiments, il quitta Saverne le 6 mai, arriva le 7 à Brumath d'où il se dirigea sur Haguenau; puis s'étant donné la satisfaction de faire boire les chevaux de son armée dans le Rhin, il rentra dans ses Etats. (A. Touchemolin : Strasbourg militaire p. 60-61. V. aussi les Mém. de Vieilleville ds. coll. Petitot T. I p. 415 (ou T. 26 de la coll.)

(1) — Strasbourg illustré I 44. — V. aussi l'art. de R. Reuss : L'artillerie strasbourgeoise du XIV au XVIIe siècle (*Revue alsacien-*

bable que la *Meise* malgré sa longue portée, pas plus que le *Rohraff* et la *Rohraffin*, les trois plus célèbres canons de l'ancienne artillerie strasbourgeoise (1), ait pu envoyer un boulet à une pareille distance. Cette portée n'a été atteinte que par les canons modernes et nous ne l'avons que trop cruellement éprouvé en 1870. C'est à la suite du fait d'armes de 1552 que le dicton de nos aïeux, quand l'ennemi s'approchait de la place, avait pris naissance : « Nous allons le piper avec notre mésange : » et le sifflement de la mésange aurait fait dire à ces derniers : *Wenn die so pfiffe so miesse m'r fisriesse.* (Si ces gens-là sifflent ainsi, il nous faudra déguerpir.) Il est probable qu'il faut remonter bien plus, haut car la *Meise* prit part à quelques unes des expéditions guerrières entreprises jadis par les Strasbourgeois.

On a donné une autre explication de ce surnom purement étymologique celle-là. La chasse aux mésanges et aux petits oiseaux (2) a été de temps immémorial une passion des jeu-

ne 1879-80) p. 555. Hermann Notices hist. et litt. sur Strasbourg I. 285. Sur la campagne de Henri II en Alsace voy : Alc. Hollænder : Strassburg im franzœsichen Kriege 1552 p. 54 et du même : Eine Strassburger Legende p. 5 (dans : Beitræge zur Landes, und Volkeskunde von Elsass-Lothringen, fasc. VI et XVII) et aussi Zeitschrift für die Gesch. des Oberrheins 1894 p. 722-24, 1895 p. 141 la polémique de Engelhaaf contre Hollaender.

(1) Lors de la reddition de Strasbourg en 1681 la ville dut livrer à Louis XIV toute son artillerie soit 269 canons et 17 mortiers dont la majorité fut envoyée à Paris pour y être refondue. La *Meise* ne le fut que plus tard à Vieux-Brisac ainsi que le *Rohraff* et la *Rohraffin*.

(2) — Les strasbourgeois ont été de tous temps d'intrépides chasseurs de gibier à plumes ou à poils. En 1501 l'évêque Albert écrit à Guillaume de Ribaupierre qu'il vient de défendre aux bourgeois et manants de ses terres d'exercer le droit de chasse. « Ils se ruinent disait-il tant ils mettent d'ardeur à la poursuite du gibier, soit de jour, soit de nuit. » Nos paysans perdirent en général ce droit à la suite de leur soulèvement de 1525. Une ordonnance de 1449 défendait de chasser aux oiseaux du Carnaval à la St Jean. On n'exceptait que les cailles, les hirondelles de mer et les tourterelles. Une ordonnance du XVIe siècle y ajouta les échassiers et le gibier d'eau. Rien n'est intéressant comme de

nés strasbourgeois qui tendaient de préférence leurs pièges
dans les jardins du Finckwiller à l'époque de Daniel Martin
et depuis un peu partout aux environs de la ville, jusqu'à ce
que la chasse dût en être interdite de nos jours. Rien de plus
naturel si les gamins ont été appelés pipeurs de mésanges et
si des enfants le nom passa simplement aux pères. Dans le
Pfingstmontag d'Arnold l'un des personnages, Glæsler de
Colmar, traite les Strasbourgeois de; *Ihr Maiselocker ihr!*
Théophile Schuler (1) a très fidèlement rendu en tête de cette
comédie le type du vrai gamin de Strasbourg partant pour la
pipée aux mésanges en exagérant toutefois légèrement son
air débraillé. Feu le professeur Ch. Schmidt a adopté cette
version (2) qui a été celle d'Ehr. Stœber comme le prouve la
poésie que nous donnons plus loin.

Les deux opinions peuvent se défendre, mais il est bien
probable, étant donnée la fierté ombrageuse des bourgeois de
l'ancienne République de Strasbourg, qu'eux-mêmes faisaient
remonter l'origine de leur surnom au célèbre canon, à
l'échauffourée de 1552 et à d'autres expéditions guerrières.
Künast n'a été que leur interprète et une origine militaire et
glorieuse peut être adoptée non sans quelque raison par les
descendants des vaillants hommes qui avaient fait de Strasbourg une République grande et forte. La crainte d'entendre
la *Meise* siffler à leurs oreilles suffisait pour tenir en respect
des voisins trop turbulents. En songeant aux belles pages de
notre histoire locale nous pouvons en être fiers à bon droit et
répéter avec Théophile Schuler: *Alli Maiselocker solle lewe!*

Ch. NERLINGER.

parcourir les listes d'animaux et d'oiseaux tués par Léonard
Baldner au XVIIe siècle et dont l'immense majorité a disparu. Leurs
noms mêmes n'ont pas laissé de trace dans le souvenir populaire.
(F. Reiber. L'hist. nat. des eaux strasbourgeoises p. 53-4.)

(1) — Pfingstmontag édit. 1816, 70

(2) — Ch. Schmidt. Wœrterbuch der Strassburger Mundart Vo
Maiselocker.

APPENDICE

D'Maiselocker

E jedi Stadt het halt iehr Fraid,
Un andre-n-isch es lang wie breit ;
Es derf mi's keiner heisse,
Gern sing i vun de Meise.

Jehr Fremdi, schaue nit mogant!..
I haw e gsundi, satti Hand ;
Mit Liemrueth unn mit Meiseschlæje
Gitt's Passelelang in triewe Dæje.

Wenn kum noch d'Fulefude stehn,
Unn alli Blueme mien vergehn,
Wenn d'Bæum nurr wenni Blætter trauje,
Due i gern nooch de Meise jauje.

Es hett d'r Vœjel allerhand,
Wytt in d'r Fremd, im Vatterland ;
Doch myni liebste Vœjele
Sinn d'Brandele-n-unn d'Blœijele.

Isch's z'Morjes au d'r Newwel dick
Unn d'Lockmeis singt : Ziwick ! Ziwick !
S'hilft nix, es kann nix batte,
I muess halt nuss uff d'Matté.

Am Widebaum dort hængt d'r Schlaa ;
Jezz d'Limrueth her !... Io werzina !
Hytt derf i nitt lang dattre,
I sieh schun Eini flattre.

E Maisele !... o fercht di nitt !
Du guetes Dierel ! du muesch mit.
Was zucksch ? Meinsch's geht ans Lewe ?
I will d'r e Herberrj gewe.

I due d'r nix. Io s'leit m'r an !
Wer Dier un Mensche plœje kann,
So Einer ! O der soll mer numme
Sin Lebbdâ nie vor d'Aue kumme

D'r Winder isch jezz vor d'r Duer,
Myn Stubb isch nett, kumm dü mil mier ;
Vorfenschter haw i, do kanscht flieje,
Unn glatt genue solsch Nusse krieje.

Manch armer Schpatz, dass Gott erbarm,
Er pickt im Schnee unn wurd nit warm,
O kumme, liewi Vœjele,
Iehr Brandele ! iehr Blœijele !

(D'r VETTER DANIEL 1821.)

A la suite de la poésie de Stœber, il convient de placer la
boutade si caractéristique pour l'esprit strasbourgeois qui a
été publiée dans l'*Alsatia* de 1853 (p. 171.)

D'r Babbe. — Schakkebel, was hesch ?
D'r Bue. — Babbe, i haw e Mais.
D'r Babbe. — Was frisst sie ?
D'r Bue. — Alle Daa e Nuss.
D'r Babbe. — Dreihundertfünfesechzig Daa, drei-
hundertfünfesechzig Nusse ! Schakkebel loss
m'r d'Mais furt !

2-01

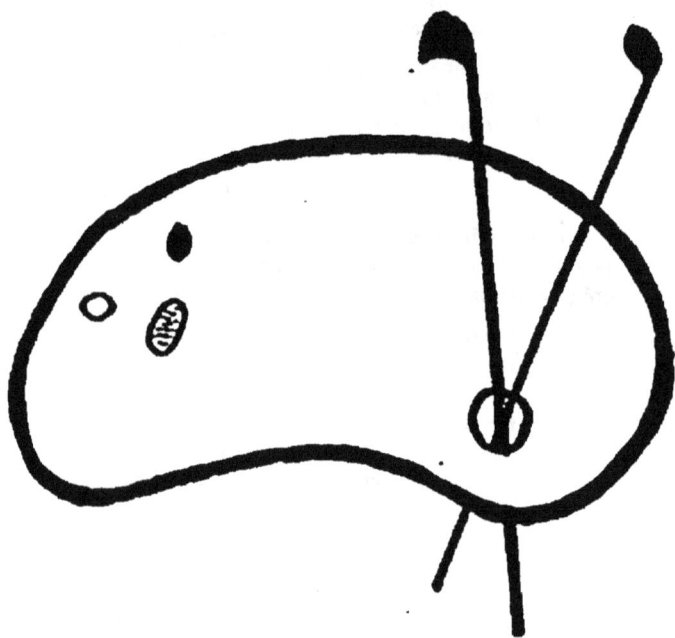

ORIGINAL EN COULEUR
NF Z 03-120-8

www.ingramcontent.com/pod-product-compliance
Lightning Source LLC
Chambersburg PA
CBHW060203070426
42447CB00033B/2432